AF242867

L'ORGUEIL DES PEUPLES

NAIT LA GUERRE

—o-o>o<o-o—

Qui hait les vices, hait les hommes.
(Thraséa, philosophe, condamné à mourir par l'ordre de l'empereur Néron, an de Rome 817.)

Je viens de lire dans le journal *Le Lyon républicain*, du 22 mai 1886, une lettre intitulée : *En Allemagne* et concernant cette nation. Cette lettre, écrite par un Français, parle de l'Assemblée de leur Reichstag. D'après le dire du narrateur, il paraît que dans leur Assemblée on sait écouter son orateur à la tribune, on a la politesse, la bienséance nécessaire pour cela, ce qui ne se produit pas toujours dans les assemblées françaises, ce qui n'est pas une preuve de bon goût, ni de supériorité sur les autres peuples.

Je laisse parler l'auteur que je cite.

« Quand un orateur, dit-il, ne trouve pas de
« suite le mot qu'il veut, et qui ne lui vient pas,
« il s'arrête, aimant mieux se taire tout à fait que
« de parler pour ne rien dire ou d'employer un

Ls-Joanny COMBET

DE L'ORGUEIL DES PEUPLES

NAIT LA GUERRE

Qui hait les vices hait les hommes.
(Thraséa, philosophe, condamné à mourir par l'ordre de l'empereur Néron, an de Rome 817.)

LYON

ASSOCIATION TYPOGRAPHIQUE

F. PLAN, rue de la Barre, 12.

1888

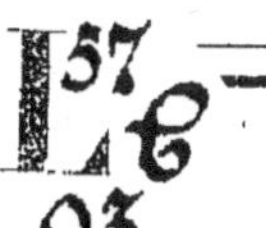

« mot impropre. En France, l'auditoire *dévore-*
« *rait* l'orateur. Ici, l'auditoire se *tait*, écoute,
« attend patiemment, préférant, lui aussi, les
« hésitations et les longueurs du débit à un bavar-
« dage ininterrompu mais vide. Jamais d'applau-
« dissements avec les mains. Souvent des rires
« approbatifs ; la moindre allusion soulève des
« rires ; parfois un fort et court murmure : on dit
« en allemand, très bien ; et c'est tout. Presque
« pas d'interruptions, de ces mouvements agités,
« véhéments, variés, dont nos Chambres donnent
« le fréquent spectacle, si recherché des curieux.
« Les débats ont le ton d'une causerie par mono-
« logues successifs. »

En France, les choses ne se passent pas toujours
d'une façon aussi platonique. Nos débats sont plus
tumultueux. On s'y dispute, et très souvent ces
querelles se terminent sottement pas le duel, qui
ne prouve rien et ne prouvera jamais rien. Les
questions de principes qui, seules, devraient occuper les esprits, cèdent trop souvent la place aux
questions personnelles, qui n'intéressent en rien
le pays, mais retardent fâcheusement l'avénement
des choses utiles, sérieuses.

** **

A la sortie de cette séance, dont parle l'auteur
de cette narration, Bismark était attendu au

dehors. *La foule faisait fête à son héros. Hommes, femmes, jeunes filles, bourgeois, le saluaient avec une expression d'orgueil qui nous tordait le cœur, à nous deux, C... et moi.*

C'est le sort des vaincus d'éprouver des sensations pénibles de ce genre. Pense-t-on que les peuples, chez lesquels les Français ont *glorieusement* passé, n'ont pas eu, eux aussi, des serrements de cœurs ?

Sans remonter plus avant dans l'histoire, parlons seulement de Napoléon 1er,

> Ce charmant vainqueur,
> Ce joli chasseur,
> Pour un empereur
> N'est pas du tout flâneur (1) !

comme on chantait alors en France, ne devait-il pas, lui aussi, comme Bismark, produire le même effet aux peuples vaincus qui le voyait passer triomphant et fouler leur territoire ?

Il ne faut pas toujours oublier les autres pour ne songer qu'à soi. Pour connaître l'importance, les conséquences malheureuses de certains événements, comme l'invasion, par exemple, il est utile, pour tous, d'y passer un peu pour en bien comprendre la gravité, tout ce qu'elle a d'injuste et de barbare. Quand nous étions vainqueurs, nous ne pleurions pas nos vaincus, aujourd'hui que nous le sommes à notre tour, on voudrait que tout

---

(1) *L'Aumônier du régiment*, vaudeville en un acte, qui se jouait en 1843 environ.

le monde pleurât sur le nôtre. Ici je ne défend personne; je tiens seulement à montrer que la situation de tous, en pareil cas, est identique; et, si l'on plaint les uns il faut aussi plaindre les autres. Et le parti le plus sage pour que les peuples n'aient plus de serrements de cœur, c'est d'avoir le bon esprit de rester chacun chez soi; se souvenir que l'invasion d'un peuple chez un autre ne sera jamais le reflet de la civilisation, mais de la barbarie, quel que soit le nom des triomphateurs. Pour que cela fut compris, il faudrait qu'on pût semer la raison parmi les hommes, comme on sème le grain au milieu des champs.

*
* *

La guerre entre peuples ne devrait pas exister; et quand elle se fait, c'est que la civilisation leur manque à tous. La guerre est toujours le résultat de la haine. Et pourquoi les peuples se haïssent-ils? Ils n'en savent rien quelquefois, ou du moins les raisons qu'ils pourraient invoquer ne sont pas bien sérieuses parce qu'ils ne réfléchissent pas assez dans leur propre intérêt, aveuglés qu'ils sont tous par l'égoïsme ou l'orgueil, quand ce n'est pas les deux à la fois qui leur enlève l'entendement, qui leur serait bien nécessaire pour les sauver de bien des calamités; que tous les regrets imaginables ne réparent jamais.

Ils ont tous un peu trop de prétention que leur mérite et les qualités qu'ils s'attribuent ne justifient pas toujours.

A bien réfléchir, les peuples ne devraient pas se haïr. S'il y a haine entre eux, comme tout le démontre et l'indique, ce ne peut être que le résultat d'un mauvais procédé venant des uns ou des autres, ou de tous ensemble, ou d'un orgueil mal placé, qui se trouve chez tous et trouble leur raison à tous. Cela ne peut trop se contredire. Qu'on m'en cite un qui se soit toujours bien conduit et qui n'ait rien à se reprocher ?

Il ne faut pas juger les hommes ou les peuples avec un esprit de parti arrêté ou de nationalité, croire qu'on a toujours raison parce qu'on est de telle nation plutôt que de telle autre ? Il faut, autant qu'il est possible, se dégager de ces deux sentiments qui ne peuvent que rendre imparfaite notre appréciation et nous exposer à des jugements injustes. Car, selon notre affection ou notre haine, on peut grandir ou diminuer ceux de qui l'on parle.

Pour les bien juger, les apprécier, il faut oublier, en quelque sorte, sa nationalité ; il faut les examiner l'esprit tranquille, philosophiquement, ne voir que des hommes, lesquels, au point de vue de la justice, qu'il ne faut pas oublier, ont tous leur mérite, sont tous utiles. Qu'ils soient d'un pays ou d'un autre, ce sont tous des hommes égaux à d'autres hommes et respectables au même titre pour l'humanité qu'on leur doit et qu'ils se doivent à tous. Celui qui ne comprend pas cela n'est pas un être civilisé.

De l'orgueil des blancs est né l'esclavage des noirs. Prétendre que ces derniers nous sont inférieurs pour s'arroger le droit de les tyraniser, c'est la barbarie unie à l'imbécilité ; il suffit de citer une telle prétention pour condamner et l'esclavage et les hommes qui, par la force, ont pris le droit de les asservir. Ici, comme on le voit, le mérite ne se trouve pas du côté des blancs, mais du côté des noirs, dont le sort a été cependant amélioré. On ne peut tous naître sous la même étoile et dans le même pays. Et reprocher à un homme sa nationalité comme un titre d'infériorité à soi, quand on n'a que cela à lui reprocher, n'est vraiment pas sérieux. Tous sont l'œuvre de l'Être-Suprême, du Créateur de toutes choses icibas ; être né dans un lieu plutôt que dans un autre, ne peut ni nous diminuer ni nous grandir. Le mérite réel d'un homme ne vient pas de sa nationalité, mais des qualités, des vertus qu'il possède et que d'autres n'ont pas.

Le devoir de tous est de faire le plus de bien possible ; c'est là leur première grandeur, et celle à laquelle ils songent le moins, autrement ils ne feraient pas la guerre.

Dans les hommes qui composent les peuples, je ne vois que des êtres imparfaits et tous peccables, mais ayant tous des qualités et des défauts. Chez tous il y a du bon et du mauvais ; toutes les qualités ne sont pas du même côté, de même pour les défauts. Tous les peuples, également, se reprochent quelque chose ; tous se jettent l'injure ; et quand ils se sont livrés à cet exercice ils se croient tous grands, tous purifiés des fautes et des méfaits qu'ils ont commis. S'étant tous mal conduit les uns envers les autres, ils ont tous quelque chose à se faire pardonner.

Partant de là, ils feraient mieux de s'amender tous et mieux faire à l'avenir ; cela indiquerait un pas fait vers la civilisation, dont ils parlent toujours, mais qu'ils ne pratiquent point. Il serait donc plus sage, plus conforme au bon sens, à la raison, de s'entendre pour vivre en paix ; d'utiliser leur force au développement de l'agriculture ; de mettre en pratique cette maxime du sage Sully, que : « Labourage et pâturage sont les deux mamelles qui nourrissent la France », on peut dire l'univers. Les richesses que donne l'agriculture, la guerre les vient détruire en un seul jour ; tous les travaux de l'agriculteur, l'homme sage par excellence, sont anéantis : celui-ci donne la vie ; la guerre sème la mort, la destruction. Tout plaide pour la paix ; on ne saurait trop le dire.

Que les peuples unissent leurs efforts pour les choses utiles, pour l'industrie, les arts, et ne point sacrifier à des futilités, à de sot amour-propre, l'intelligence et la vie de plusieurs milliers d'hommes, que les lois divines ont créés, non pour la guerre, pour se tuer, mais pour s'entr'aider, pour utiliser leur intelligence pour le bonheur de tous. Ils ont tous besoin des uns et des autres ; ils ont tous besoin d'échanger leurs produits ; par ce fait, ils se rendent mutuellement service : après cela, d'où pourrait venir leur haine ? D'où elle peut venir et d'où elle vient ? d'un orgueil mal placé qui les porte tous à se croire supérieurs à tous, ce qui amène, inévitablement, les guerres de race, les uns parce qu'ils sont Anglais, ceux-ci Autrichiens ; d'autres parce qu'ils sont Français et ceux-là Prussiens. Rien de sensé, comme on voit. Si les peuples en sont encore là — et comme ils seront toujours, — il faut convenir que chez eux la raison est encore à venir pour les rendre plus raisonnables et leur donner la pensée de s'observer chacun de leur côté pour les tirer de l'abrutissement dans lequel ils sont tous malgré leur prétention à la sagesse.

*
* *

Le faible de l'homme, ce n'est pas d'être sage, — nous le savons, — c'est de s'admirer dans tout ce qu'il fait : les peuples font de même, puisque ce sont des hommes. Et ils ont cela de singulier, c'est qu'ils n'ont jamais la pensée de commettre ou d'avoir commis des injustices, mais de les recevoir et d'en avoir reçu des autres. Et si parfois quelques-uns d'entre eux veulent bien reconnaître celles qu'ils ont faites, elles sont toujours inférieures à celles qu'ils ont reçues. Il faut toujours

que les torts soient d'un côté ou de l'autre ; mais
chacun, pour l'intérêt de sa cause, fait en sorte de
les placer chez son voisin. Comme ils sont tous à
peu près dans le même ordre d'idée, il ne faut pas,
de sitôt, espérer une entente cordiale entre eux.

Pour se convaincre de leurs torts réciproques,
sans prendre la défense ni des uns ni des autres,
ce que je fais ici, il suffit de les observer tous, et
c'est leurs actions à tous qui parlent pour eux.

Ici, je le répète, il faut faire taire l'esprit de
parti, de nationalité, et ne voir que des hommes. Je
fais appel à la raison, à l'équité de ceux qui vou-
dront bien lire ces lignes. Ce qui m'amène à dire
ce qui va suivre, ce sont les bruits de guerre qui
circulent entre la France et la Prusse et le désir
que semblent avoir ces deux nations de s'extermi-
ner, et je dis :

Sous le premier Empire, les Français ont été
longtemps vainqueurs, et de ce fait heureux toujours envahisseurs. Dans ces conditions on ne
pleurait pas le sort des peuples envahis et qu'on
dépouillait par-dessus le marché. Le cœur des
vaincus se tordait également de douleur, pendant
que celui des vainqueurs était tout en joie. Ainsi
des choses.

La guerre est toujours l'histoire de Jean qui rit
et Jean qui pleure. Je parle du premier Empire
tout comme je pourrais parler d'une autre époque,
de celle d'Alexandre ou de César. L'histoire des
conquérants se ressemblent toutes. Lisez l'une ou
l'autre, c'est toujours les mêmes faits, en ce sens

que c'est toujours des tueries : l'extermination du plus faible par le plus fort, jusqu'à ce que le fort, devenant faible, soit écrasé à son tour. Et ce sera toujours la même chose, toutes les fois que l'imbécilité poussera les hommes à s'entre-tuer.

Dans la guerre, que la raison condamne, les hommes se ressemblent presque toujours un peu quelle que soit leur nationalité. Dans ces sortes d'aventures, ce n'est pas le bien, la justice que l'on porte à l'excès, mais le mal ; l'esprit égaré, la plupart se laissent entraîner à le faire. La guerre étant par elle-même le mal, une infamie, elle ne peut que porter au mal ceux qui la font. Les plus coupables ce sont les hommes qui poussent les peuples à ces douloureuses extrémités, auxquelles on arrive avec les mots de *Patrie!* avec lequel on excite et soulève les masses, et qui bien souvent, trop souvent même, cache de criminelles ambitions.

C'est pour cela que je parle de Napoléon Ier, et montrer ce que nous avons fait à l'étranger, ce qu'il est bon d'observer et que l'on sache, pour avoir le droit de se plaindre des autres. Cette époque étant plus près de nous frappera peut-être mieux les esprits, si toutefois les esprits veulent bien s'arrêter à ce qui est vrai et sensé.

La foule faisait cortège à son héros Bismarck, dit l'auteur de la lettre que je cite en commençant.

Les peuples, quels qu'ils soient, ont tous le tort et la faiblesse d'admirer les conquérants, sans doute parce qu'ils *agrandissent et enrichissent* leur pays. Si les Allemands sont bêtes et manquent de bon sens sous ce rapport, les Francais n'en possèdent pas davantage.

Est-ce qu'en France on n'a pas fait de même pour Napoléon Iᵉʳ, lequel n'a jamais pris la justice ni l'humanité pour ligne de conduite.

On l'a sottement admiré ; et beaucoup de gens lui conservent encore cette même admiration, ce qui étonne après ce qu'on sait sur cet homme.

Si du commencement de son entrée sur la scène politique, le peuple l'a admiré, il faut croire, pour excuser son aberration et sauvegarder la dignité de ses sentiments, que ce peuple était trompé, que son admiration était le résultat d'un manque de réflexion et de l'ignorance dans laquelle on le tenait. Car à l'époque de ses grandes victoires, qui ont fait plus de victimes qu'elles n'ont donné de profit, la vérité sur ses mauvaises actions était soigneusement cachée à tous. On ne disait rien de ce qu'il faisait, ou, du moins, quand on parlait de lui c'était pour le louer et dénaturer les faits qui étaient à sa charge. Tout était à son avantage. Il était toujours grand et avait toujours raison et les vaincus qu'on faisait avaient toujours tort. Tout l'a favorisé. Par intrigue même, un certain nombre d'intrigants lui ont prêté leur concours dans l'espoir de faire fortune de son élévation. On mentait en sa faveur. Lui, de son côté, ayant le pouvoir et la force, a obligé les autres à se taire ou à mentir pour faciliter son succès. Les hommes de bien travaillent au grand jour ; aux malfaiteurs, il faut l'ignorance chez tous et les ténèbres pour arriver à leur but convoité. Il n'y avait que très peu de journaux, et un seul, le sien, le *Moniteur*, qui avait le droit de parler, mais qui ne disait toujours que ce qu'il voulait qu'il dît. La tendresse de sentiments, d'humanité, n'a jamais été son côté faible. Certaines paroles qui lui sont échappées sur les champs de bataille, révèlent la sécheresse de son âme froidement égoïste et sans pitié pour les souffrances d'autrui. La bataille d'Eylau fut des plus sanglante ; soixante mille hommes y furent tués ; autant de malheureux qui rougirent la neige de leur sang. Le lendemain matin, Napoléon, accompagné de son état-major, visita ce champ de carnage ; devant quelques-uns de sa suite, attristés d'un tel spectacle, il laissa tomber ces paroles : *Bast, une nuit de Paris réparera tout cela !* Et il partit au galop de son cheval.

Je demanderai aux pères, aux mères de familles en quoi ce soi-disant *héros* mérite des éloges ? Ce n'est qu'aujourd'hui seulement que la lumière, la vérité, commencent à se faire sur cet homme funeste, ce *vivisecteur de l'humanité*, comme le nomme avec justice J. Charles Scholl, dans un excellent livre sur la vivisection intitulé : *Ayez Pitié !*

La vérité est toujours trop lente à se faire. On n'a jamais dit, ou du moins publié ouvertement, les atrocités de sa soi-disante *brillante* campagne d'Egypte. On ne disait pas que les soldats, conduits par ce général Bonaparte, volaient, pillaient partout où ils passaient ; qu'en Egypte ils dévalisaient les magasins d'orfèvrerie et prenaient le plus qu'ils pouvaient. Et il arrivait qu'on tuait, au besoin, les patriotes et propriétaires tout à la fois, qui s'opposaient à ce qu'on dévalisât leur demeure. En Egypte, tous les soldats avaient la poche bien garnie, et l'argent qu'ils possédaient en si grande quantité — il faut le dire carrément et laisser les euphémismes de côté, parler de soi comme on parle des autres — était le fruit du vol.

Dans l'*Histoire de la République*, de M. Hamel, qu'on fera bien de consulter, je trouve le passage suivant que je dois rapporter ici ; on verra que je n'invente rien.

« Le général Dupuy, nommé commandant du
« Caire, écrivait le 2 fructidor (19 août) à l'un de
« ses amis de Toulouse, que nos soldats étaient
« on ne peut plus contents. Il avoue que dans une
« affaire, sa brigade *a gagné plus de trois cent*
« *mille francs*. Pour nos volontaires, ajoute-il,
« *cent louis sont une chose commune*. On voit ce
« qu'entre les mains de ce Bonaparte, ce grand
« génie, étaient déjà devenus les soldats de la
« République ! Cette rapacité, cette âpreté au
« gain, qu'il serait puéril de nier, le fanatisme
« religieux qui s'agitait, bien qu'on eût baptisé
« le général en chef du surnom d'Ali-Bonaparte,
« et malgré toutes les démonstrations de ses lieu-
« tenants en faveur du culte musulman, enfin le
« désir toujours louable de secouer la domination

« étrangère, excitèrent au Caire une formidable
« sédition. Elle éclata le 30 vendémiaire (21 oc-
« tobre), au matin. Le général Dupuy en fut la
« première victime. Une centaine de Français
« périrent avec lui. La répression fut horrible,
« sauvage, impitoyable. Formées en colonnes
« mobiles, nos troupes se ruèrent sur les *rebelles*
« — il faut dire patriotes — qui défendaient
« leur pays, et en firent un véritable carnage.
« Bonaparte *avait ordonné qu'on tuât tous les*
« *habitants* trouvés en armes dans les rues. Aussi
« les malheureux insurgés ne tardèrent-ils pas à
« se soumettre ; ils en avaient perdu plus de cinq
« mille des leurs.

« On a beaucoup vanté la *générosité* du vain-
« queur. En voici un échantillon. Pendant un
« certain temps, on exécutait journellement une
« trentaine de prisonniers (1). Un matin, nos

(1) Dans les *Merveilles du Conquérant d'Egypte*, le
colonel Ferrer dit : « Le général Bonaparte écrivait au
général Desaix : Nous faisons tous les jours couper quelques
têtes. » Et au général Reynier. : « Toutes les nuits nous
« faisons couper une trentaine de têtes et beaucoup de
« celles des chefs : cela, je crois, leur servira d'une bonne
« leçon. » Ce fait n'a pas été démenti. M. Michelet en parle
dans son livre : *Histoire du XIXᵉ siècle*. Il dit aussi que
Bonaparte écrivait au général Reynier, que l'on coupait
trente têtes par jour. Son setrétaire, Bourrienne, qui écrivait les ordres, dit *douze seulement !*... comme si c'était des
têtes de pavot. Mais cela ne diminue pas le nombre des
victimes. Avec le nombre douze répété, on arrive au même
chiffre. Comme on voit, cela n'atténue pas l'infamie mais
ne fait que la confirmer. Malgré ça, M. Michelet dit :
N'importe, nous l'admirons dans cette année d'Egypte !
Trouver des admirateurs après de pareils crimes ! Qu'aurait-
il donc fallu qu'il fît, pour qu'il ne l'admirât pas ?

« soldats amenèrent sur la place du Caire une
« troupe d'ânes porteurs de sacs pesamment char-
« gés. Il y avait une foule énorme ; on se deman-
« dait ce que pouvaient contenir ces sacs. Nos
« soldats les ouvrirent tout à coup, et *une centaine*
« *de têtes roulèrent à terre.* Jamais Fouché ni
« Carrier n'avaient eu une pareille idée. Et que¡
« était le crime de tant de malheureux ? Ils avaient
« voulu affranchir leur patrie envahie et foulée
« aux pieds par l'étranger. A coup sûr, les habi-
« tants du désert durent concevoir une haute idée
« de la civilisation européenne. »

Histoire de la République, page 238.

Ernest Hamel.

Est-il possible que les hommes qui se sont
faits les complices et les exécuteurs de pareilles
actions, n'aient pas revu en songe et même éveil-
lés, les têtes ensanglantées de ces martyrs, de ces
patriotes ? Ce châtiment, que le remords inflige
parfois aux assassins, leur était cependant bien
dû. Et si ce fait s'est produit dans leur esprit, ç'a
été justice. Le parricide Néron, après avoir fait
assassiner sa mère, avoua plusieurs fois que son
ombre le tourmentait, et qu'il voyait les furies
le poursuivre armées de fouets et de torches
ardentes. Rien n'indique que l'individu Bonaparte,
le premier coupable de cette boucherie, ait éprouvé
quelque chose de semblable. Rien d'étonnant à
cela : son égoïsme personnel étouffait chez lui
tous les sentiments d'humanité.

Admirer de tels hommes, c'est sanctifier en

quelque sorte les crimes qu'ils ont commis. C'est un point délicat que la plupart des historiens n'observent pas assez, ce qui entraîne les peuples à des admirations ridicules pour des hommes qui ne méritent que le mépris, si on appréciait toujours les choses au point de vue de la raison et de la justice.

Parlerons nous des prisonniers de Jaffa ?

« Quatre mille hommes, dit M. Ferrer dans son
« livre : *Merveilles du Conquérant de l'Egypte*,
« de la garnison de Jaffa, s'étaient retirés dans de
« vastes bâtiments entourés de constructions. Aux
« sommations de deux aides de camp du *héros* du
« Nil, ils crièrent des fenêtres qu'ils voulaient
« bien se rendre, si on voulait leur assurer la vie
« sauve et les soustraire au massacre auquel la
« ville était condamnée ; sinon, ils menaçaient
« de faire feu sur les aides de camp et déclarèrent
« qu'ils se défendraient jusqu'à la dernière extré-
« mité.

« Les deux officiers français crurent devoir
« accéder à leur demande et les firent prisonniers.
« Ils les amenèrent au camp du guerrier illustre
« qui a été un homme d'Etat *sage et humain*. On
« fit asseoir ces prisonniers pêle-mêle en avant
« des tentes. Une corde leur attachait les mains
« derrière le dos. Une sombre fureur était peinte
« sur leurs figures. On tint conseil dans la tente
« du *guerrier éblouissant*; après trois jours de
« délibération, on résolut de les fusiller ; l'ordre
« fut donné et exécuté le 10 mars 1799. »

Tout cela se fit au mépris des lois de la guerre qui défendent de fusiller un seul prisonnier.

Et nous parlons des autres !

Après des faits de ce genre, pense-t-on que les Egyptiens n'ont pas eu, eux aussi, des serrements de cœurs ? Qu'ont-ils pensé de nous, et de combien d'imprécations ils ont dû, avec justice, charger le nom Français ! Il suffit cependant d'un seul homme pour déshonorer une nation et tout un peuple.

Les admirateurs *quand même* de ce Napoléon disent pour l'excuser et justifier le mal qui s'est fait, que les Egyptiens *étaient des rebelles*. L'ironie peut le dire, mais non la raison. Les rebelles, c'étaient les Français et les violateurs d'un territoire étranger. On nous a mal reçus et avec raison. Pourquoi y sommes-nous allés ? Bonaparte a été en Egypte non pour l'intérêt du pays, mais pour le sien, pour lui seul. Toutes ses actions n'ont toujours eu qu'un seul et unique but : se satisfaire lui, lui seul, dussent tous les autres en souffrir : voilà l'homme qu'on appelle grand !

*
* *

La guerre ne peut toujours enfanter que des désordres et des actes criminels ; de là, sans contredit, naît la haine des peuples. Nous nous plai-

gnons des Prussiens ; nous leur reprochons le vol
des pendules. Aux Français, les étrangers leur
reprochent le pillage des musées de Bologne,
Plaisance, Venise, etc. Ces choses ne sont pas
dites sans preuves ; les voici :

« Lucien Bonaparte parle dans ses Mémoires de
« la galerie de *vingt mille tableaux* qu'avait
« acquise son oncle, le cardinal Fesch, commis-
« saire des guerres pendant la campagne d'Italie.
« Ce chiffre, dit-il, *n'est nullement exagéré.* »
« Lucien, en 1800, en possédait pour sa part *trois*
« *cents,* tous de grands maîtres et venant tous
« d'Italie. »

Bonaparte et son temps, par Jung.
Tome III, page 171.

Michelet, dans son *Origine des Bonaparte,*
parle également des mêmes faits. Et M. le colonel
Ferrer, dans : *Merveilles du Conquérant de
l'Italie et de l'Egypte,* en cite bien davantage.
Partout où les Français ont passé, ils ont laissé
les traces de la dévastation. La guerre, forcément,
ne conduit qu'à des choses malheureuses. Et tout
cela se faisait sans que les auteurs de ces rapines
éprouvassent le moindre serrement de cœur. On
ne disait pas comme Brennus aux Romains :
Malheur aux vaincus ! mais on le leur faisait
sentir. Ce qui n'empêchait pas de chanter *la
gloire* — une vilaine gloire — *la victoire, les
guerriers et les lauriers ;* tout cela mêlé ensemble semblait faire un brillant effet.

On admirait toutes ces choses, ces soi-disant

triomphes, parce qu'il y avait profit pour nous, et parce qu'on ne réfléchissait pas à ce qu'il y avait de malhonnête et de préjudiciable pour l'honneur d'une nation et celui d'un peuple. Mais lorsque des esprits plus sensés, voyant les choses sous leur vrai jour, s'avisaient de les blâmer, et surtout le conquérant, qui en était le premier coupable, on répondait, en se dodelinant : *Il* — le grand homme — *il enrichit la France!* Mais de quelle façon? Par le pillage. Est-ce bien cela que des esprits supérieurs, ou qui prétendent l'être, doivent chanter?

Les historiens et les poètes qui ont loué et chanté Napoléon, disant que c'était une *gloire nationale*, ont eu grand tort. Il faut réellement ne pas savoir discerner le bien d'avec le mal, l'honnête homme de celui qui ne l'est pas, pour louer un tel sujet. Ceux qui l'ont fait, et ne connaissant point ses basses actions, sont excusables ; mais d'autres, qui connaissaient ce triste héros, qui l'ont loué et chanté bêtement, comme ont fait Béranger et M. Hugo, et d'autres encore, qui persistent à le faire et lui dressent des autels, sont blâmables à plus d'un titre. Faut-il admettre que ces écrivains ne savaient rien de ce qu'on vient de lire ? Ce n'est guère admissible. Ils pouvaient ne pas tout savoir ; mais, vivant dans le monde, ils devaient en savoir assez pour les engager à conserver leurs éloges pour des êtres plus dignes. Et s'ils savaient, je ne sais que penser de leur jugement et de leur raison et ce qu'ils entendaient par justice et honnêteté. Dans le monde, il y a tant de sortes de manières de juger et d'apprécier les événements et les hommes qui les font éclore qu'on s'y perd, et quelquefois, de tout ce qu'on entend, on ne sait plus que dire. Vous avez certaines gens, des fanatiques — mauvaises graines — qui se sont fait une idole de Bonaparte. Il ne faut pas y toucher. Quoi que vous puissiez dire ou leur faire lire pour les désabuser de leur adoration, ils ne veulent rien savoir : leur idée est faite. Ou s'ils vous écoutent, ils tournent tout à son avantage, et leur grand homme reste ce qu'il était avant. Le nombre de ses admirateurs n'est cependant pas aussi grand, mais il y en a encore. Cela étonne, mais c'est ainsi.

Il faut toujours définir les choses. Ici je m'adresse à ceux qui le chantent et d'autres qui feront de même, et je les prierai de me dire la différence qu'il y a entre le conquérant et le voleur de grand chemin. Observez bien, et vous verrez qu'il n'y en a pas. Tous deux violent les lois de la plus stricte justice, en ce sens que tous deux s'emparent, par la force, qui amène le crime, de ce qui ne leur appartient pas : tout cela par intérêt et ambition personnelle. Leurs actions étant identiques, malhonnêtes, c'est fausser le jugement des peuples de louer le premier et de blâmer le second ; leurs actions étant de même nature, aussi scélérates, il faut ou les louer tous les deux, ou les condamner l'un et l'autre. Le plus sage, à mon avis, c'est de les condamner tous, ce que je fais.

C'est ainsi qu'il faut traiter tous les envahisseurs de peuples, quelles que *soient leurs nationalités*. Si on met les voleurs au pilori, pourquoi n'y mettrait-on pas les conquérants, ces brandons de destruction ?

Quant on voit élever des statues, à titre de gloire et de reconnaissance, à des hommes comme Napoléon Ier et tous ceux qui lui ressemblent, dont le souvenir ne rappelle que de malheureuses victimes immolées à leur funeste ambition, on est interdit, je l'avoue. On se demande, étonné, où donc est la raison, la sagesse humaine?

Si on élève des statues à de tels hommes, qui, pour leur intérêt particulier, ont semé la mort sur leur passage; qui ont fait le vide et répandu le deuil dans les familles, que restera-t-il et que fera-t-on pour l'homme de bien, au philosophe, qui veut que tous les hommes vivent en paix, amis et non ennemis; qui travaille pour arriver à ce résultat sublime qui serait, s'il pouvait se réaliser, le rayonnement de l'intelligence vraie et le sceau divin mis au front de l'humanité?

Laissons chaque chose à sa place. Si l'homme de bien mérite d'être honoré, on ne peut faire de même pour celui qui ne l'est pas. Partant de là, ce qu'il faut aux conquérants de toutes les nations: c'est le pilori; sur le socle d'un tel monument, y inscrire les crimes qu'ils ont commis. Il faut, dans l'intérêt des peuples, de l'humanité, les placer si bas que la honte dont leurs noms seront couverts ôte à d'autres insensés la pensée bête et

scélérate de les vouloir imiter. Il faut les flétrir ;
les louer, c'est en créer de nouveaux et encourager
le mal. Il faut les traiter comme le fait Auguste
Barbier dans ses *Iambes*, et dire comme lui en
parlant de Napoléon :

> Pour tous ces outrages sans nom,
> Je n'ai jamais chargé qu'un être de ma haine...
> Sois maudit, ô Napoléon !

L'histoire de cet homme n'est pas assez connue ;
cela est pour beaucoup dans l'admiration qu'on a
pour lui. Que le peuple le sache bien : Napoléon
n'a pas enrichi la France, surtout de gloire ; il l'a
déshonorée en la faisant la receleuse de toutes
ses rapines. La gloire d'un peuple n'est pas de
posséder les dépouilles d'un autre. Il y a de ces
choses dont on ne se loue point : celle-ci est de ce
nombre. Un peuple honnête, qui a conscience de
l'honneur et de sa dignité, n'admire point de tels
triomphes, mais il les flétrit. Les peuples n'ont
qu'un droit : c'est de défendre leur sol, la patrie
contre les envahisseurs ; cette action que le devoir
commande de faire, une fois accomplie, doit rester
pure de toute autre action injuste. Repousser les
ennemis du territoire, mais respecter ce qu'ils
possèdent. Ceci s'adresse à tous, parce que tous
manquent de retenue, de sagesse à ce sujet. Si
les Prussiens, comme on le dit, ont mal fait de
voler nos pendules, les Français ont-ils donc mieux
fait de dévaliser une partie des musées étrangers ?
J'ai vu des gravures, des dessins satiriques repré-

sentant les soldats prussiens, de 1870, le dos
chargé de pendules. En voyant ce journal pour
rire, dont je ne me rappelle plus le nom, malgré
moi, la pensée m'est venue que les Prussiens, eux.
de leur côté, pourraient bien représenter les Français chargés de tableaux et autres objets d'art.
Ceux qui font ces dessins ne réfléchissent pas. Ils
sont trop fiers d'eux-mêmes, ce qui les empêche
de voir et de juger équitablement les actions de
tous. Si nous blâmons avec raison les dépradations
de certains peuples, il faut faire de même pour
nous, si nous avons commis les mêmes fautes.
En pareil cas, il ne peut y avoir deux manières
d'appréciation. Ici, je n'ai pas de préférence à
avoir pour tel ou tel. Tous faisant mal, je les
blâme tous. Avant de jeter la pierre, et toujours
la jeter à autrui, il me semble qu'il est bon de
s'examiner un peu soi-même quelquefois; et si
quelques-uns ont mal fait, il ne faut pas, en les
blâmant, faire de même, mais faire en sorte, soi,
de faire mieux : c'est à ce titre seulement qu'on a
le droit de se plaindre et celui de condamner.
Aucune nation ne se trouve dans des conditions
aussi heureuses, nous comme les autres. La guerre
que nous avons faite à la Chine, en 1860, sous
Napoléon III, de compagnie avec l'Angleterre,
n'est pas tout à fait à notre avantage. Nous avons
laissé là-bas le souvenir de certains faits qui
nuisent singulièrement à notre honneur national
et à notre civilisation. Là, comme partout et toujours en pareilles circonstances, les vaincus ont

été éprouvés par l'exigence et la licence des vainqueurs, qui ont pris ce qui était à leur convenance, étant assez forts pour le faire. La guerre et la fièvre du combat troublant la raison des hommes, il ne faut pas s'étonner s'ils se portent à des excès, que plus tard ils peuvent regretter, quand, l'esprit devenu plus calme, on jette, par la pensée, un regard inquiet derrière soi.

Aujourd'hui que ces événements sont passés, que la réflexion est venue, on voudrait bien que ce qui a été fait ne le fût point, afin que notre dignité restât exempte de tout reproche.

On a bien cherché à atténuer les excès qui se sont commis par nos troupes et le préjudice moral que cela nous a causé, mais on n'y a qu'imparfaitement réussi. La vérité qui nous est contraire, qu'on voudrait écarter, domine toujours et persiste à nous accuser, bien qu'on rejette sur d'autres, pour alléger nos torts, une part de responsabilité de fautes commises et auxquelles on se trouve mêlé. On veut être plusieurs pour porter une honte; on veut être seul pour la gloire et le triomphe.

Au sujet des évènements de la Chine, je mets sous les yeux du lecteurs un article qui les concerne, intitulé *Barbares*, signé Jean Bessiaire, et que le journal *La France* a publié dans son numéro du 9 septembre 1886. Le voici :

« L'autre jour, en appréciant la création de
« l'Académie tonkinoise, j'ai rappelé incidemment
« l'incendie de la bibliothèque du Palais-d'Été.

« Un journal me prend à partie et m'accuse
« d'avoir donné à entendre que les Français
« étaient les auteurs de ce sacrilège. Expliquons-
« nous.

« Je me suis borné à prendre le fait lui-même,
« à un point de vue général, afin de démontrer le
« respect religieux des Chinois pour tout ce qui
« touche au domaine de la science.

« Je ne traitais pas une question historique.
« Eh ! je le sais bien, ce sont les Anglais qui brû-
« lèrent la bibliothèque ; c'est lord Elgin qui or-
« donna d'y mettre le feu. Mais les Anglais étaient
« nos alliés ; nous étions là à côté d'eux ; nous
« étions solidaires les uns des autres. Le com-
« mandant en chef de l'armée française, le géné-
« ral Cousin de Montauban, ne fit aucune opposi-
« tion à cet acte de barbarie. Qu'aurait-il pu dire ?
« *Il venait de livrer le palais au pillage.*

« Aussi bien, puisque l'occasion se présente,
« pourquoi ne raconterais-je pas ce qui s'est passé
« alors ? C'est généralement ignoré en France. A
« cette époque, la presse était muselée par la lé-
« gislation impériale. Le journaliste qui se serait
« permis d'exposer ces faits dans leur réalité,
« aurait été condamné à je ne sais combien de
« milliers de francs d'amende et de mois de prison,
« et le journal aurait été supprimé. Plus tard,
« quand le pays eut repris possession de lui-même,
« il avait d'autres soucis en tête. Il ne fut guère
« question de ces événements. Il n'est pourtant
« pas mauvais qu'on les connaisse. On pourra

« établir la différence qui existe entre les préto-
« riens de l'Empire et l'armée de la République.

« Après s'être emparés des forts de Takou et de
« la ville de Tientsin, les troupes anglo-françai-
« ses se mirent en marche dans la direction de
« Pékin par la large voie pavée, mais fort mal
« entretenue, qui conduit à cette capitale.

« Nos soldats, toujours alertes, eurent bientôt
« laissé derrière eux les massifs automates, affu-
« blés d'habits rouges, qu'on leur avait donnés
« pour compagnons. Les six cents hommes d'in-
« fanterie de marine, que conduisait le capitaine
« de vaisseau Jauréguiberry, aujourd'hui vice-
« amiral, arrivèrent les premiers au Palais d'été.

« Je ne parle pas de la ridicule bataille de Pali-
« kao, qui a valu au général Cousin de Montau-
« ban son titre de comte, bataille sans morts ni
« blessés, dont le récit fantaisiste, fait par le jour-
« nal officieux du temps, souleva en Chine, parmi
« les résidents européens et américains, un im-
« mense éclat de rire.

« Sur l'ordre de son chef, l'infanterie de marine
« croisa les faisceaux devant les portes du palais
« et attendit le gros de l'armée. Le commandant
« Jauréguiberry, nous le tenons de sa propre bou-
« che, ne voulait pas permettre à ses hommes de
« toucher à quoi que ce fut. Mais une estafette
« arriva avec un ordre du général en chef. Cet
« ordre portait : *Enfoncez les portes du palais et*
« *livrez-le au pillage !* Il importe de faire à cha-
« cun sa part de responsabilité.

« Ce fut le général Cousin de Montauban, le
« seul général français qui ait consenti à prendre
« le commandement de l'expédition de Chine, qui,
« de propos délibéré, ordonna le sac du Palais
« d'été.

« Alors les soldats se précipitèrent à l'intérieur.
« Ils eurent comme un éblouissement. Ils se cru-
« rent transportés dans un palais des Mille et une
« Nuits. Dans de vastes salles dont les murs étaient
« recouverts de glaces de Venise, s'entassaient
« d'innombrables présents que les souverains
« étrangers avaient envoyés pendant plusieurs
« siècles aux empereurs de la Chine.

« C'était un ruissellement d'or, de pierreries,
« de bijoux de toutes espèces. Les soldats, igno-
« rants et avides, se jetèrent sur les lingots d'or
« et d'argent, mais ils ne purent prendre que ce
« qu'ils avaient la force d'emporter. Plus intelli-
« gents, les officiers s'approprièrent les magnifi-
« ques colliers de perles, les joyaux ornés de
« pierres précieuses, sur lesquelles ils parvenaient
« à mettre la main. Le général en chef emplit
« sept fourgons, pour sa part, d'objets de la plus
« grande valeur.

« A un moment donné, obéissant à je ne sais
« quelle fureur ou quel aveuglement. les soldats
« brisèrent les glaces à coups de crosse, firent
« voler en éclat les vases de jade, les bronzes, les
« porcelaines, jetèrent les crêpes de Chine dans
« la boue, pour éviter de se mouiller les pieds, ou
« s'en servirent pour panser leurs chevaux.

« Hâtons-nous de le dire pour l'honneur de
« l'armée française, même impériale, beaucoup
« d'officiers protestèrent énergiquement contre
« ces actes de vandalisme ; beaucoup revinrent de
« cette expédition les mains nettes et le cœur in-
« digné. Les officiers de marine surtout se mon-
« trèrent profondément irrités.

« Cependant les Anglais, restés en arrière,
« n'étaient pas encore arrivés. Au bout de quel-
« ques heures, le général Cousin de Montauban
« en fit la remarque. « Il faut pourtant bien, dit-il,
« laisser quelque chose à nos alliés ! » et il fit
« évacuer le palais.

« Quand les Anglais y pénétrèrent à leur tour
« et s'aperçurent qu'ils n'avaient que les restes,
« leur satisfaction ne fut pas sans mélange. C'est
« alors que lord Elgin, dans une heure de folle
« colère, ordonna d'incendier la bibliothèque.

« Voilà l'historique succint, mais vrai, du sac
« du Palais d'été. Toutes réflexions seraient super-
« flues.

« Les Chinois ont continué à nous traiter de
« barbares. »

Et il faut dire que ce n'est pas sans raison. Ceux
qui seraient d'un avis contraire, qu'ils se mettent
à leur place : on juge et comprend mieux un préjudice quand on l'éprouve soi-même.

Après ce qui précède, on viendra dire encore
emphatiquement qu'il faut respecter l'armée, ne
pas l'attaquer, comme si les hommes qui la composent étaient d'une essence supérieure aux autres

mortels. Ne l'attaquons pas injustement ; respectons-la quand elle fait bien ; mais quand elle fait mal faut-il faire de même ?

Là, comme partout, les bons et mauvais sentiments se trouvent mêlés. Ce sont des hommes avant tout, peccables comme les autres. Parmi tout ce monde, il y a sans contredit des esprits élevés et d'autres qui le sont moins. Aussi pour retenir ces derniers, que certaines circonstances peuvent entraîner plus facilement dans des désordres contraires à l'honneur, et puisque l'armée représente une nation, il faut qu'elle s'applique à la représenter du beau côté ; et pour qu'elle arrive à le faire dignement, et puisque qu'elle est si fière d'elle-même, il faut qu'elle ne fasse rien d'injuste, mais toujours bien, le plus possible ; et pour l'aider à cela, il faut la traiter comme tout le monde et la juger selon ses actes ; il faut la louer si elle fait bien, et la blâmer quand elle fait mal, afin qu'elle fasse mieux à l'avenir. Il ne faut pas la traiter en adulateur, mais en ami qui loue et blâme tour à tour quand l'un et l'autre sont mérités et nécessaires : la louange pour les belles actions, quand elles sont faites et encourager à les continuer ; le blâme, pour ramener au bien ceux qui s'en écartent. La guerre étant un mélange d'infamie, la sagesse voudrait qu'on ne la fît plus. Mais des esprits forts, qui prétendent l'être, pensent le contraire.

On ne saurait trop le dire. Faire la guerre est toujours une méchante affaire, qu'un peuple sé-

rieux, réfléchi, n'accepte qu'à la dernière extrémité et après avoir épuisé tous les moyens de
conciliation pour épargner au pays un tel malheur,
que les monuments, de marbre ou de bronze, élevés aux victimes ne réparent point. Ceci regarde
premièrement les gouvernements, puisqu'ils
dirigent les peuples ; et s'ils ont assez de sagesse
doivent la mettre à profit en pareille occurrence.

Certaines gens, têtes folles, parlent de la guerre
comme s'il s'agissait de labourer un champ pour
l'ensemencer. A mon avis, les vrais patriotes ne
poussent jamais à de tels malheurs ; mais font en
sorte, au contraire, de les conjurer. C'est trop
grave. Et quelle sanglante responsabilité pour
l'auteur d'un tel désastre ! Faire la guerre ! mais
n'est-ce pas outrager la Divinité que d'organiser
la destruction des êtres qu'elle a créés ? Ce n'est
pas avec légèreté qu'il faut prononcer ce nom de
guerre. S'en fait-on bien une idée exacte ? S'ima·
gine-t-on que c'est appeler le malheur à soi et la
mort pour des milliers d'autres malheureux ?

Quand on y songe un instant ; quand par la
pensée on se crée un champ de bataille, sur lequel
sont étendus des milliers d'hommes, les uns expirants, les autres auxquels ils manque un bras,
une jambe, ou les deux ensemble ; endurant par
le fait de diverses blessures, toutes espèces de
souffrances, auxquelles, pour ces malheureux,
vient encore s'ajouter, comme surcroît de tourment,
la température de certaines saisons, soit les chaleurs excessives de l'été, ou le froid rigoureux de

l'hiver, qui, au milieu de douleurs sans noms, appellent enfin la mort à leur secours comme un bienfait et la délivrance de leur martyre, on ne comprend pas comment on ose parler de guerre !

Quand on songe froidement aux martyrs qu'elle fait, malgré soi, ce qui vous monte à l'esprit, ce n'est pas seulement de l'indignation, mais la malédiction pour les insensés, pour les coupables de tant de calamités, provoquées bien souvent dans un but d'ambition personnelle.

On accepte la guerre quand on ne peut plus faire autrement, on l'accepte par force, comme le malheureux qui se décide à se laisser couper un bras parce que rien ne peut plus le guérir. Quant aux hommes qui poussent le plus à ces douloureuses extrémités, je crois que s'ils étaient bien sûrs d'y laisser leur tête ou seulement une jambe, ils n'en parleraient pas.

Avant de se lancer dans une telle entreprise, que de prudence il faut avoir ! En 1870, c'est bien un peu la prudence qui nous a manqué. Au lieu de déclarer la guerre, on aurait dû attendre qu'on nous la déclarât. *Car c'est nous qui l'avons déclarée.* Être attaqué est un point de défense qui donne le droit de se plaindre. Ce point important nous manque aujourd'hui. La guerre est arrivée si brusquement qu'on n'en saisit pas bien le motif. Il y a des points encore obscurs sur cet événement que l'histoire éclaircira sans doute. Pour le moment on sait que la guerre s'est faite ; mais nul ne veut en avoir la responsabilité et cherche à la dégager le plus possible.

Le *Lyon Républicain* du 4 septembre 1886 contient un petit article dans lequel il dit que Napoléon III en rendant son épée au roi de Prusse, osa dire que *c'était la France qui avait voulu la guerre*. C'est faux ! dit l'auteur. C'est bien en effet le gouvernement de Napoléon qui l'a déclarée. Mais il paraît qu'il n'y était pas bien décidé, si nous en croyons certaines notes qu'on nous donne comme historiques, et qui disent qu'il ne la voulait pas.

D'après ces notes, de M. Alfred Darimon, il est dit que Napoléon n'était pas partisan de la guerre. *Mes ministres l'étaient plus que moi; les Chambres l'étaient plus que les ministres.* C'est un point à éclaircir. D'autres ont dit que c'était l'Impératrice, ce qui n'est pas impossible. Elle voulait la guerre dans l'intérêt de son fils, auquel on aurait attribué quelque fait éclatant de courage pour le bien poser dans l'esprit populaire, etc.

Autre raison. Ce qui nous a fait déclarer la guerre, ou du moins la cause qui l'a fait déclarer hativement par le gouvernement, ne serait-ce pas qu'il se sentait tomber, déchoir dans l'esprit de la nation ? que ses partisans étaient également pressés, dans l'espoir de la réussite d'un événement heureux, de sauver un bien-être présent qu'ils voyaient s'évanouir. Or, pour relever le pouvoir chancelant et lui donner une auréole nouvelle, on pensa que rien ne le pouvait mieux faire qu'une victoire retentissante, ce qui plaît et passionne toujours les peuples.... quand ils ne sont pas battus.

Ce qui semblait donner la certitude du succès, c'est que l'on pensait que tout était prêt, et que notre supériorité devait nous donner le triomphe. A tort ou à raison, tous les peuples se croient supérieurs les uns aux autres ; et c'est avec cette pensée, qui n'a rien de modeste, qu'ils s'accordent tous les bons points.

En fait de guerre, il est bon d'observer que la vaillance est quelquefois vaincue par des événements insurmontables. Vouloir n'est pas toujours pouvoir, autrement on réussirait toujours puisqu'on le veut. Et quoique vaincu, cela ne veut pas dire qu'on a manqué de courage ni manqué au devoir. Il y a eu le malheur avec lequel il faut toujours compter, qui pense à tous quand nul ne songe à lui.

Disons ici, sans reproche et à titre d'observation : notre prétention, à nous, Français, de nous croire supérieurs et invincibles, n'a-t-elle pas été un peu la cause de notre insuccès et de notre infortune ? Trop de présomption enlève parfois la réflexion et la prudence qu'on devrait avoir. En 1870, on entendait fréquemment dire qu'un Français valait *quatre à cinq* Prussiens. Ceci m'a été dit et à d'autres aussi, qui pourront au besoin confirmer mon dire. Il fallait le croire et dire de même. Ceux qui se permettaient, comme moi, une observation, si petite qu'elle fut, pour montrer l'inexactitude ou atténuer une telle croyance, étaient de suite classés et considérés comme les ennemis de la France et les amis des ennemis.

Il y a ceci de malheureux chez le peuple, et la plus grande partie est ainsi : lorsque vous n'êtes pas de son avis en toutes choses, vous lui devenez suspect ; il faut, pour avoir les bonnes grâces de certains auditeurs, agir et penser comme eux. C'est peut-être à cette manière de penser et de faire qu'on doit cette phrase peu sensée : *Il faut être de son siècle,* ce qui serait le *statu quo* si on l'observait en toutes choses. Quoi qu'il en soit, c'est un peu avec la pensée intime que nous étions supérieurs aux Prussiens que nous sommes partis en guerre, avec cette idée bien arrêtée qu'on entrerait à Berlin sans beaucoup d'efforts ; que tout devait plier devant nous. Les évènements ont prouvé le contraire, et nous ont fait voir, trop tard, et à notre préjudice, que nous n'étions pas sans courage, mais que nous nous étions trompés et trop avancés faute de prudence.

Quant aux paroles de Napoléon qui dit que la France voulait la guerre, on peut les repousser à ce seul point de vue, et dire qu'il n'a pas consulté le peuple pour en faire la déclaration et la faire. Cela est vrai. Tous les Français, ce qui est encore vrai, ne voulaient pas la guerre et n'y songeaint pas ; mais une fois la déclaration faite, elle fut acceptée avec assez d'enthousiasme pour être une sanction donnée à une imprudence gouvernementale, blâmée par M. Thiers qui disait que rien n'était prêt et que nous serions vaincus, mais qui ne fut pas écouté. On était pressé de partir, d'aller à Berlin, sans bien savoir pourquoi. Il n'était pas rare d'entendre des citoyens crier dans les rues : *A Berlin ! à Berlin !* Nous n'avions rien à réclamer, puisqu'ils ne nous avaient rien pris. Et si nous étions entrés à Berlin, on n'eut pas été plus courtois que nos voisins. C'est donc avec l'idée d'un prompt succès que nous partîmes en guerre. Et si on avait réussi, je crois que nul ne songerait à dégager sa responsabilité d'une telle entreprise, mais chacun s'en disputerait la palme, l'honneur, et voudrait avoir mieux fait que tous pour son triomphe.

Napoléon III, que je ne défend pas ici, voulait, lui aussi, dégager sa responsabilité devant l'histoire, en parlant au nom de la France ; mais ayant la défaite pour lui et contre lui, on lui en laisse tout le poids et la responsabilité, puisque la guerre s'est faite en son nom. Ainsi des choses que chacun doit observer pour soi : les événements, selon leur résultat, nous grandissent ou nous abaissent quand ils ne nous écrasent pas d'un seul coup. Comme le dit Tacite : *Tous s'attribuent l'honneur des événements heureux ; les disgrâces s'imputent à seul.*

Si Napoléon III eut réussi, Victor Hugo, qui, sans raison, comme bien d'autres, a chanté les malfaiteurs conquérants, eut peut-être regretté d'avoir fait *Napoléon le Petit.* Dans cette œuvre il a fait un peu de l'exagération comme il en a fait pour l'oncle. Le neveu a copié son oncle autant qu'il lui a été possible. A mon avis, ils se valent sous certains rapports, attendu qu'ils sont arrivés tous deux au pouvoir par les mêmes moyens : la force et la trahison.

Bonaparte en revenant d'Egypte, d'où il s'est sauvé comme un malfaiteur, en abandonnant son armée, et pour cacher une défaite, est venu à Paris faire son dix-huit brumaire, renversant à la fois le Directoire et le Conseil des Cinq-Cents, deux pouvoirs en un seul. Le Directoire, un composé d'intrigants, fit, le 18 fructidor, son coup d'Etat contre le Conseil des Cinq-Cents, faisant déporter plus de trois cents de ses membres qui les gênaient dans leur entreprise. Les mauvais exemples sont toujours suivis de préférence aux bons. Et, il y a cela de curieux, qu'on voudra bien observer, en politique quand on fait mal, ce qui arrive souvent, c'est toujours *pour le bien et l'ordre*. Le Directoire ayant donné l'exemple de la déportation, Bonaparte, qui fut plus tard l'homme *à la redingote grise*, fit de même après son dix-huit brumaire. Et pour que la *République reposât sur la représentation nationale*, comme il osa le dire la veille de son coup de force, il fit déporter soixante et un des représentants qui s'étaient montrés les plus fidèles à la Constitution et à la République. Il viola le droit pour être le maître ; pour être le maître de la nation, il s'imposa, non par le génie, mais par la force, aidé en cela par des hommes aussi misérables que lui. Pour le même motif le neveu a fait son coup d'Etat du 2 décembre 1851. On sait le reste : la déportation s'en est suivie pour les hommes les plus hostiles au nouveau César.

Il est bien évident que Bonaparte et son neveu ne se ressemblent point sous toutes les faces. Mais si nous les regardons dans leurs actions, et dans les deux que nous venons de citer, où se trouve la grandeur de l'un et la petitesse de l'autre, puisque leurs actions, à tous deux, sont identiques ?

A propos des œuvres de Victor Hugo, je dirai que lorsqu'on les a lues, on ne sait plus ce qu'il faut accepter ou rejeter. Il a tout chanté, mais tout ne mérite pas de l'être au même titre. Dans sa *Dernière Heure d'un Condamné*, il a trouvé le moyen de poétiser, en quelque sorte, l'assassin, si bien que le lecteur peut se demander si c'est ce dernier qu'il faut plaindre de préférence à la victime qu'il a faite. Ses phrases, ses pensées sont brillantes par la façon de les exprimer : il étonne, il éblouit le lecteur ; mais l'éblouissement passé, il ne laisse rien de solide à l'esprit.

On a dit de lui, qu'il a été bon, humain. Nul n'a, je crois, la pensée de le contester. Seulement je m'étonne qu'un homme bon, comme il l'a été, ait pu chanter les conquérants ; qu'un homme humain puisse chanter ceux qui ne le sont pas, qui font tuer des milliers de citoyens pour satisfaire leur criminelle ambition, ce qui est le cas des conquérants. Ces hommes étant les ennemis de l'humanité, on ne les chante pas ; quand on n'en parle ce doit être pour apprendre au peuple à les mépriser. La foule qui, bien souvent, juge superficiellement, peut se livrer à ces écarts de folle admiration, mais ce n'est pas le fait d'un esprit supérieurement équitable. Entre la bonté d'Hugo et des discours de ce genre, il y a une contradiction. On me dira qu'il y en a chez tous. Je le sais. Et pour éviter ce genre d'accident, il faudrait bien souvent ne rien dire. Mais chez un esprit supérieur, elles sont moins admissibles. Car si l'esprit, considéré comme tel, ne voit ni mieux ni plus juste, où se trouve sa supériorité sur celui des autres ? Dans ses *Mémoires*, Alexandre Dumas père a écrit qu'il disait à son fils : *Lis tout V. Hugo*. Je ne dirai pas de ne point le lire ; il faut le lire pour le connaître. Mais je dirai aux jeunes gens : Lisez et relisez tout Voltaire, bien qu'il y ait des journalistes crétins qui prétendent *qu'on ne peut plus le lire* et *qu'il ne parle même pas français !* N'en croyez rien ; laissez dire ces esprits malades et haineux de notre décadent dix-neuvième siècle, et lisez-le : vous n'avez rien à perdre, mais tout à gagner, soit pour augmenter vos connaissances et fortifier votre raison. Il sera toujours bon et utile de le lire. Il a combattu le fanatisme et les préjugés ; il sera donc de tous les temps, parce que toujours il y aura des préjugés à combattre. Il est non seulement poète, mais philosophe ; c'est à ce titre qu'il faut le lire et le méditer, si, comme lui, on veut le triomphe de la vérité, de la justice.

Revenons à notre malheureuse guerre que nous avons déclarée.

Plusieurs causes, qu'on ne doit pas oublier, ont nui et contribué à notre défaite. La trahison de Bazaine, un manque de cohésion dans l'armée, puis ce qui nous a été également funeste, c'est le mauvais entretien des troupes, mal nourries, mal vêtues et mal chaussées.

Disons, pour l'instant, qu'il s'est trouvé des êtres assez lâches pour spéculer sur les malheurs de leur pays, qui vendaient de mauvais souliers et de mauvais vêtements. Du temps que la patrie agonisait, eux, ces misérables, pensaient à s'enrichir, à thésauriser. On a vu des soldats chaussés de souliers à semelles de carton ; vêtus de vêtements faits avec de vieux draps, n'ayant aucune consistance, et qui laissaient les malheureux qui les portaient exposés à toutes les rigueurs d'un froid excessif et des maladies graves qui surviennent de ce manque de soin ; après cela le découragement, puis la défaite qui en est la conséquence.

Ici les organisateurs de la Défense nationale ont manqué à leur devoir, ou tout au moins de vigilance. Devant veiller au bon entretien des troupes ; ayant connaissance — je le suppose — de ces faits, de la mauvaise qualité des vêtements, des chaussures, etc., c'était de rechercher les tristes sujets qui les avaient livrés ; les faire passer devant un conseil de guerre ; et, pour premier avertissement, leur infliger une peine corporelle et pécuniaire : soit l'amende et dix ans de bagne. Cela fait, rendre un arrêt plus sévère, condamnant *à vingt ans de travaux forcés et la confiscation d'une partie des biens des coupables*, au profit de la nation et pour secourir un peu les victimes qu'ils auraient faites.

Afficher préalablement une mesure de ce genre à tous les coins de rues, afin que *nul n'en ignore*, pour ne prendre personne par surprise et avoir le bon droit de son côté. Mais en cas de violation de cet arrêté, et pour rappeler les citoyens, certains citoyens, à l'honneur, à la probité, que l'égoïsme et la cupidité leur font oublier, les punir en raison de leur mauvaise action.

Si quelques exemples de cette nature eussent été faits, les fournisseurs, avant qu'ils ne songeassent à s'enrichir, eussent peut-être aussi songé au châtiment, et tout serait rentré dans l'ordre. Dans tous les cas, si l'arrêt, si la perspective d'une punition n'eut pas arrêté les coupables, ils n'eussent pas joui impunément du produit de leur méfaits au préjudice de la nation.

Quelques-uns, m'a-t-on dit, ont bien été poursuivis, mais seulement condamnés à des peines légères, comme trois mois de prison. Ce n'était vraiment pas assez pour un délit aussi grave, qui a pu être, ce qui est possible, une des causes de notre désastre. Car succès et défaites tiennent à bien peu de chose, bien souvent.

On sait aujourd'hui que nous n'étions pas en force suffisante pour faire une telle guerre, et Napoléon III l'a écrit lui-même.

« Le 6 juillet (1870), dit-il, le maréchal Le Bœuf
« annonçait à l'empereur qu'il pouvait disposer
« d'un effectif de 555,000 combattants. En exa-

« minant bien ce chiffre, on le réduisit à
« 400,000 hommes prêts à entrer en campagne.
« Les tableaux de classement donnés au moment
« de la mise en mouvement ne donnent plus que
« 385,000 hommes. Enfin, au bout de trois
« semaines, quand l'armée est à la frontière, on
« s'aperçoit qu'elle n'était plus que de 220,000
« hommes. »

Plus loin, Napoléon III dit encore :

« On a prétendu que le crime de l'empereur a
« été de déclarer la guerre alors qu'il n'était pas
« prêt pour la soutenir. Il serait plus juste de
« dire que le tort de l'empereur a été de compter
« sur la certitude des états de situation et sur la
« possibilité de réunir en peu de jours les éléments
« dont se composent les armées. »

Quand il s'agit de faits historiques, il est bon
de citer tous ceux qui s'y rapportent de quelle
source d'où ils viennent.

Il résulte de ce qu'on vient de lire que ce
manque de connaissances et d'instruction, pour le
gouvernement, nous a été fatale. L'imprévoyance
des uns doit donc servir de leçon pour les autres.
Dans cette malheureuse campagne de 1870-71,
tout semble avoir été contre nous pour amoindrir
encore nos forces. Un précoce hiver, de neige et de
glace, s'en est mêlé comme surcroît de souffrance.
A Lyon, le thermomètre est descendu à plus de
vingt-trois degrés au-dessous de zéro. Quand je
pense que des journaux républicains de notre ville,
osaient dire et demander : *Quand donc viendra*

M. Hiver pour châtier les ennemis ! Paroles irréfléchies. Est-ce que tous ne devaient pas en souffrir ? Tous, en effet, ont dû souffrir dn froid, mais les Français ont été, je crois, bien plus éprouvés parce qu'ils sont moins habitués à ces rigueurs de saison et qu'ils étaient moins bien vêtus que les Prussiens.

Et après tant de larmes, de douleurs pour tous, on parle encore de guerre! de jeter le deuil dans les familles? O démence humaine! Il est donc écrit que l'homme ne comprendra jamais la vie. Ceux qui demandent sans cesse la guerre ne songent pas assez à ces bonnes paroles de Scipion, que l'empereur Tite-Antonin, par amour pour la paix, répétait souvent : « J'aime mieux, disait-il, conser- « ver un citoyen, que de tuer mille ennemis. » Que de sagesse, d'humanité dans ces paroles! Que de malheurs épargnés si l'on voulait les méditer.

*
* *

Il faudrait que la raison éclairât les peuples ; qu'ils comprissent une bonne fois qu'ils ont tout intérêt de s'entr'aider et aucun de se nuire. Ils ont tort d'être rivaux ; ils sont tous égaux au point de vue de l'humanité, en ce sens qu'ils sont tous des hommes. Leur union les rendraient forts, in- vincibles pour la défense de leurs droits à tous ; leur inimitié idiote les fait le jouet des ambitieux, dont ils servent les causes et dont ils sont toujours les victimes. Ceci est une observation qui ne sera jamais bien comprise, parce que l'orgueil de tous les peuples les empêchera toujours d'être assez sages pour la mettre en pratique et à leur profit.

A l'époque de la guerre de 1870, un sentiment de haine, que je n'ai pas bien compris, s'est en quelque sorte manifesté subitement contre les Prussiens. Cette haine, née en 1870, existe encore aujourd'hui, mais plus forte, plus vivace en raison de notre défaite. Les insuccès n'amoindrissent pas les haines, ils les grandissent.

Ce qui anime les Français, ou du moins une grande partie, c'est un sentiment d'amour-propre froissé, comme pourrait l'être celui d'un athlète vaincu. On voudrait pouvoir dire, par orgueil : *Nous sommes les plus forts!* Pouvoir dire avec vérité, *nous sommes les plus justes, les plus probes*, me semble aussi louable et plus glorieux. On met toujours la gloire du côté qu'il ne faut pas. Tous les peuples ont cette faiblesse et cette sottise en tête. Et ils sont fiers quand même. C'est beau d'être fort, mais la force ne doit servir que le droit.

C'est encore par orgueil, mal placé, à mon avis, que dans ce moment encore on surexcite les esprits à une nouvelle guerre. On ne cherche pas le triomphe de la raison, mais celui de la force. Ceux qui agissent ainsi ne me semblent pas des citoyens bien inspirés, mais des imprudents, qui, se laissant entraîner par un faux orgueil, ne réfléchissent point aux dangers, aux calamités, aux désastres de tous genres que la guerre traîne après elle. Se faire la guerre quand tous les hommes sont destinés à mourir ! Inexplicable.

Mais nous l'avons dit, les *guerriers* qui sont les premiers à toujours pousser à la guerre ne sont pas toujours les premiers à partir pour la faire. Ils font leur possible pour rester à l'intérieur, pour voir partir les autres, et eux... pour organiser la victoire !

*
* *

On disait jadis : *Tous les peuples sont frères !* Cela fait bien dans les discours, comme les mots : *Liberté, Égalité et Fraternité.* Mais cela ne se dit plus. Il paraît qu'on ne pense plus de même, si toutefois on y a pensé sérieusement, et qu'on a changé de sentiment à l'égard des peuples. *Nos frères !* Tout l'indique et tout donne à le croire. On ne cherche pas à éveiller, chez eux, des sentiments généreux, mais de haine ; on ne cherche pas à les unir, mais à les diviser ; on ne fait pas des efforts pour calmer leur susceptibilité, mais à l'éveiller, l'agacer, soit par des actes ou des discours fanfarons, méchants et imprudents tout à la fois.

M. Déroulède, étant en Danemark, le 24 septembre 1886, a, dans une réunion publique, fait un discours dans lequel il a développé cette pensée que la prochaine victoire de la France sur l'Allemagne profitera au Danemark.

Comme on ne voit pas tous de même, il y a des gens qui admirent ces paroles; mais, pour ma part, je les trouve maladroites. Elles n'indiquent pas que nous voulons la paix, mais la guerre. Ces paroles sont dangereuses parce qu'elles sont une menace, une provocation.

On ne sait réellement pas mettre le bon droit de son côté. Les bravades sont presques toujours nuisibles à ceux qui les font. Dans tous les cas, c'est toujours à la maladresse de leur auteur qu'il faut les attribuer.

Mais, dira-t-on, les Allemands sont nos ennemis! Bien. Sommes-nous leurs amis, nous qui leur avons déclaré et fait la guerre, et qui voulons la leur faire encore?

A ce sujet M. Déroulède, qui pense être le symbole du patriotisme et l'oracle de la sagesse, nous fait espérer et nous parle d'une prochaine victoire de la France. Tant mieux. Mais qu'en sait-il? La France peut très-bien être victorieuse, mais elle peut aussi ne pas l'être. Tout est possible. Ces paroles ne menant à rien et ne pouvant que nous être défavorables, il eût été plus sage de se taire. Trop parler nuit quelquefois.

Si, pour tous, le malheur veut que la guerre recommence entre nous et l'Allemagne, je ne sais qui sortira vainqueur de la lutte qu'on semble désirer et chercher; mais, quel qu'il soit, vainqueurs et vaincus seront bien malades. Les premiers fruits de la guerre, si cela se peut dire, c'est de voir tomber des hommes des deux côtés ; de voir des familles en deuil chez tous et des pleurs chez tous, vainqueurs et vaincus. Après de tels évènements, chaque famille attend l'un des siens, qui ne doit jamais revenir, et aucune d'elles n'a la consolation de pouvoir aller sur la tombe où il repose. Voilà ce que fait la guerre.

Et après tout ce carnage, que reste-t-il ? La gloire ? Laquelle ? celle de voir plus de morts chez ses adversaires que chez soi ; d'avoir mieux et plus tué qu'ils ne l'ont fait ou qu'ils n'ont pu le faire ? Triste gloire, qui fait honte à l'humanité, comme elle est, en même temps, la négation vivante de sa raison. Les hommes, ces êtres qui pensent — qui pensent mal — se tuent entre eux comme des brutes qu'ils sont, et ils se disent civilisés !

Philosophie, religion et sanctuaire du sage, ferme les yeux pour ne pas être écœurée par cet excès de civilisation. Comme l'orgueil enlève l'entendement aux hommes, il n'est pas étonnant qu'ils restent sourds à de telles observations, qui ont mille chances pour une d'être mal reçues, attendu qu'elles ne sont pas flatteuses.

On veut la guerre avec l'Allemagne ; tout l'indique. Et ce qu'on semble chercher dans une nouvelle lutte, qui sera malheureuse pour tous, en raison des victimes qu'elle fera, c'est une satisfaction morale, orgueilleuse, comme je l'ai dit, qui permet à nous, Français, d'exprimer très haut : *Nous sommes les plus forts, nous les avons vaincus !*

En se conduisant ainsi, l'homme, cet être de raison, à ce qu'il prétend, semble prouver qu'il n'en a pas et qu'il vit plutôt pour la domination que pour le bien-être réel. Et après notre triomphe, leur dicter des lois et faire ce qu'on pensait exécuter au début de la guerre, c'est-à-dire faire ce que les Français ne veulent pas qu'on fasse chez eux, mais que tous les vainqueurs trouvent bon de faire, quand ils sont assez forts. Ils crient tous contre la force, et ils s'en servent tous comme si c'était un droit d'opprimer.

Les vaincus se plaignent toujours des vainqueurs, à tort ou à raison. Ici je ne défends personne ; j'observe les uns et les autres, et rien de plus. On donne toujours à entendre que les étrangers, quand ils ont été nos vainqueurs, se sont portés à de plus grands excès chez nous, que nous chez eux. A cela, voici ce que je puis dire.

Mon grand-père maternel fut soldat sous le premier empire. Il fit une partie des campagnes de la guerre d'Espagne. Lorsqu'on parlait des excès que les soldats étrangers pouvaient avoir faits, ma mère, selon les circonstances, et pour montrer que nous-mêmes nous n'étions pas sans reproches pour le même sujet, rappelait quelquefois les paroles de son père, qui disait, en 1814 et 1815, époque de l'invasion étrangère, et comme pour justifier les craintes de désordres qu'on redoutait des ennemis : *S'ils font autant de mal chez nous que les Français en ont fait chez eux, nous ne risquons rien !*

Par d'autres, également, des vieux soldats, j'ai entendu tenir le même langage et exprimer des regrets sincères sur le mal qui s'était fait.

Voici encore un fait que je puis citer comme exact.

L'oncle de ma mère, à cette époque de 1814, eut pour sa part six ou huit soldats autrichiens à loger. Quand vint le moment de partir, de se séparer, pas un de ces hommes, dont quelques-uns étaient pères de familles, ne voulût le quitter sans l'avoir embrassé : ce trait fait à lui seul l'éloge de tous, ce qui indique que les bons procédés se trouvaient des deux côtés.

Pendant la guerre de 1870, des soldats français ont été bien reçus dans certaines communes de France, mais, d'après ce qui m'a été conté, il paraît que quelques-uns n'ont pas quitté leur hôte d'une façon aussi gracieuse.

Tout ce qui vient d'être dit ne prouve pas que les étrangers sont sages comme des images et qu'il faut les mettre sous verre. Cela prouve que la guerre dénature les hommes, et qu'il serait sage de ne la plus faire, pour épargner à tous la honte des excès auxquels ils peuvent se livrer. Mais on pense autrement. Et si un jour les Français sont assez forts pour vaincre les Allemands, Dieu sait les excès auxquels leurs villes seraient exposées. Les Français, puisqu'ils semblent *tant* le désirer, prendront alors leur revanche : si les Prussiens ont mal fait, nous, Français, nous ferons mal aussi, ou plus mal encore, ce qui n'empê-

chera pas de nous croire supérieurs et excessive-
ment plus civilisés que les autres peuples. Je ne
dis pas que cela se fera ; mais cela peut se faire.
Je parle, ici, d'après les sentiments de haine que
j'entends exprimer chaque jour, un peu d'un côté
et d'autre. Et si l'on veut une revanche, ce ne
doit pas être pour leur servir des petits gâteaux.
Nul doute que les mêmes intentions existent des
deux côtés, puisque les peuples, au lieu d'être
frères, sont crétinisés.

Enfin, le sort décidera des uns et des autres, des
Français ou des Allemands.

Pour ma part, j'aimerais mieux que les peuples
triomphassent par la force de la raison, qui,
seule, devrait conduire les hommes, que de se faire
la guerre, qui n'est qu'une sottise, quand une
question de droit, de justice impérieuse ne la jus-
tifie point.

Aux sages d'aviser.

*
**

J'entends fréquemment dire que l'Allemagne
devrait rendre l'Alsace et la Lorraine à la France.
Ce serait, en effet, magnanime de sa part ; à la
condition que les habitants voulussent bien être
Français, afin de ne pas disposer des citoyens
comme on le fait des bêtes de somme ; les laisser
libres de choisir leur nationalité, délicatesse que

tous les vainqueurs, de toutes les nations, n'ont jamais eue, parce qu'ils n'ont jamais été assez justes pour l'observer. C'est un tort, car c'est en respectant le sentiment des hommes qu'on est réellement sûr de leur attachement, de leur sympathie et qu'on peut les mettre au nombre de ses vrais amis.

L'Allemagne ne rendra pas l'Alsace et la Lorraine à la France. Ce n'est pas non plus, il faut l'avouer, en injuriant nos voisins et en se préparant à une nouvelle lutte que nous arriverons à cette solution heureuse. Je dis heureuse, parce qu'elle épargnerait une effusion de sang à tous, bienfait incalculable pour les deux nations ennemies, si elles veulent y réfléchir. L'Allemagne, de son côté, a tort de détenir des citoyens qui lui sont hostiles. C'est mal penser.

Dans la guerre contre nous, l'Allemagne a reconquis l'Alsace-Lorraine, qui étaient à elle autrefois.

Il n'est pas, je crois, superflu, ici, de dire comment elles ont été réunies à la France. Je n'ai pas la prétention de rien dire de nouveau, mais seulement de rappeler un fait historique.

Il faut retourner au règne de Louis XIV, en 1681. A cette époque, on désirait Strasbourg. On n'était point assuré du Rhin, dit Henri Martin, point assuré de l'Alsace, tant qu'on n'aurait pas Strasbourg, la grande cité toujours prête à jeter sur la rive française du fleuve les armées de l'empire.

Je laisse parler l'historien Henri Martin :

« Il y avait longtemps que la France visait à
« cette conquête. Dès qu'on avait eu Metz, on
« avait rêvé Strasbourg. Ce rôle que la cité rhé-
« nane avait joué dans la dernière guerre, sa
« neutralité dérisoire et peu loyale avaient changé
« ces désirs en un projet formel, inébranlable. Si
« le roi et Louvois avaient empêché Créqui d'as-
« siéger la place pendant la guerre, c'est qu'ils
« comptaient la surprendre après la paix. Cette
« grande entreprise fut très habilement manœu-
« vrée. Les derniers succès des armes françaises
« et la paix victorieuse de Nimègue avaient fort
« abattu dans Strasbourg le parti impérial, na-
« guère si remuant : un parti français s'y était
« formé, et l'on n'épargnait rien pour le grossir.
« Tout ce qui subissait l'influence du chapitre et
« de l'évêque Egon de Fürstembers, frère du prince
« Guillaume, et non moins dévoué que Guillaume
« à Louis XIV, tous les catholiques, en un mot,
« formaient le noyau du parti français, et beau-
« coup de notables protestants s'y ralliaient, par
« une sorte de résignation à une destinée qu'on
« commençait à sentir inévitable. L'or et les pro-
« messes aidant, les cinq conseillers, le prêteur,
« le secrétaire et le trésorier, qui formaient la
« régence de la ville, furent gagnés les uns
« après les autres par les agents de Louvois. Les
« troupes impériales avaient évacué la ville par
« suite du traité de Nimègue : les magistrats
« congédièrent douze cents Suisses que la ville

« avait à sa solde; puis, sur les instances mena-
« çantes du gouvernement français, ils démolirent
« le nouveau fort de Kehl, qu'ils avaient recons-
« truit depuis sa destruction par Créqui. Quand
« le fruit sembla mûr, on allongea la main pour
« le cueillir. Dans la seconde quinzaine de sep-
« tembre 1681, les garnisons de la Lorraine, de la
« Franche-Comté et de l'Alsace se mirent en
« mouvement de toutes parts, avec la célérité et
« la précision accoutumées. Dans la nuit du 27
« au 28 septembre, un détachement francais sur-
« prit le fort qui protégeait les communications
« de Strasbourg avec le Rhin. Le 28, trente-cinq
« mille hommes se trouvèrent réunis devant la
« ville : le baron de Montclar, commandant de
« cette armée fit savoir aux magistrats que « la
« chambre souveraine de Brisach ayant adjugé
« au roi la souveraineté de toute l'Alsace, dont
« Strasbourg est un membre, Sa Majesté voulait
« qu'ils eussent à le reconnaître pour leur souve-
« rain seigneur et recevoir une garnison. » Il leur
« fit entendre en même temps que « s'ils s'accom-
« modaient à l'amiable et de bonne volonté, ils
« devaient compter sur la conservation de leurs
« droits et de leurs privilèges; que s'ils s'obsti-
« naient, au contraire, le roi avait de quoi les
« ranger à leur devoir. » Il les prévînt que
« M. Louvois arriverait le lendemain 29, et le roi
« dans six jours.

« Le 29, les magistrats écrivirent à l'empereur
« que, trop faibles pour résister à une puissance

« aussi terrible, et ne pouvant espérer aucun
« secours, ils n'avaient qu'à revoir les conditions
« que Sa Majesté Très Chrétienne leur voudrait
« bien prescrire. Ce fut l'adieu de Strasbourg à
« l'empire germanique. Une députation alla trou-
« ver Louvois à Illkirch : Louvois offrit carte
« blanche quant aux articles de la capitulation,
« pourvu que la souveraineté de la couronne de
« France y fut formellement énoncée. Le résident
« de l'empereur tenta de soulever le peuple : il y
« eut, pendant vingt-quatre heures, des velléités
« de résistances ; néanmoins, les élus des métiers,
« après un peu d'hésitation, s'en remirent aux
« magistrats, qui avaient eu « la prudence de
« laisser les canons sur les remparts, dépourvus
« de poudre, afin d'ôter à quelques insensés le
« moyen de commencer un jeu qui eût mal fini
« pour la ville. » Quelques clameurs populaires,
« dernier cri de l'indépendance municipale, n'em-
« pêchèrent pas la signature de la capitulation
« (30 septembre). La ville, reconnaissant le roi
« pour son souverain seigneur, obtînt confirma-
« tion de tous ses privilèges ecclésiastiques et
« politiques. Louvois exigea seulement la resti-
« tution du dôme (la cathédrale) au culte catho-
« lique, en laissant le fameux clocher, le plus
« élevé de l'Europe, à la disposition du corps
« municipal. Les libres élections de tout ordre et
« la juridiction civile et criminelle furent main-
« tenues à la ville, sauf appel au conseil souverain
« de Brisach pour les causes civiles excédant

« 1,000 livres. La ville garda tous ses impôts,
« revenus et domaines, et la bourgeoisie demeura
« exempte de toute contribution envers le roi.
« Trois jours après, la capitulation fut ratifiée par
« Louis XIV, qui la reçut en chemin à Vitry-le-
« Français, et qui fit son entrée à Strasbourg le
« 23 octobre. Ainsi fut réunie à notre patrie, sans
« qu'il en coutât une goutte de sang, cette illustre
« cité, qui n'avait jamais été prise avant d'être
« française, et qui ne l'a jamais été depuis qu'elle
« est la France. »

Henri Martin. — Histoire de France,
tome XIII.

Ainsi, 1870 a été une revanche pour l'Allemagne.
Les Allemands ont repris ce qui leur appartenait,
ce qu'il faut bien reconnaître. Et nous parlerions
de la sorte si nous étions à leur place.

Ce qui peut contribuer à diminuer, non seulement nos plaintes, mais nos réclamations, c'est
que, à tort ou à raison, nous avons déclaré la
guerre, ce qui ne peut se nier. Notre situation, si
précaire qu'elle soit, se trouve encore amoindrie
par le fait de notre déclaration de guerre un peu
imprudente. Nous sommes doublement victimes :
victimes de notre prétention à vouloir tout vaincre, et victimes de notre mauvaise organisation.
C'est une rude leçon qui doit nous servir pour
l'avenir.

Ayant été longtemps possesseurs des territoires
perdus, il est dur pour nous d'en être dépossédés.
Il faut ajouter à cela notre amour-propre froissé,

qui est une des grandes causes de notre douleur, ou du moins elle occupe une grande place dans notre esprit, sans qu'on veuille en convenir. Les Allemands, de leur côté, ont été, eux aussi, plus longtemps que nous, possesseurs des mêmes territoires. On a eu tort, à l'époque de cette cession, de disposer des populations, comme aujourd'hui encore l'Allemagne a eu tort de le faire. Tant que la raison ne donnera pas aux gouvernements et aux peuples des idées plus sages et plus conformes au respect humain, les territoires sont appelés à se voir agrandir ou à se voir diminuer, selon la force des belligérants, puisque les armes et la force brutale tiennent lieu de raisonnement et sont les seuls arguments qui décident du sort des peuples et des annexions qu'on fait de leur territoire.

Dans les conquêtes, on met trop en pratique ce dicton vicieux, à mon avis, qui dit : *Possession vaut titre*. Ce n'est pas rigoureusement exact. On a droit à la possession de telle chose qu'autant que vous la payez ou qu'elle vous est cédée d'un commun accord des partis. Quand les gouvernements procèdent autrement, ils ne font que donner un mauvais exemple aux peuples qui peut, chez eux, altérer le respect qu'on doit avoir pour la probité, sans laquelle il n'y a ni grand peuple ni grande nation, ce qu'il faut observer si l'on veut être supérieurs aux autres.

Pour bien juger les choses qui nous regardent, il faut se mettre un peu à la place de nos vainqueurs. Par esprit de corps ou de parti, on glorifie *soi* pour dénigrer ses adversaires. Je n'ai pas la prétention de voir mieux que d'autres ; mais je laisse de côté cette manière de juger pour ne m'occuper que des hommes.

Si nous, Français, ayant été dépouillés d'une partie de nos provinces, nous eussions été assez forts pour les reprendre, qui donc oserait nous blâmer de prendre notre bien où il se trouve ? Et quel dédain on aurait pour les téméraires qui viendraient réclamer et nous dire de restituer notre bien retrouvé, reconquis ? Telle est notre situation envers l'Allemagne.

Sans même avoir reprit ce qui eut pu nous appartenir, si nous eussions été vainqueurs de l'Allemagne, que nous eussions pris ce que nous eut conseillé notre bon plaisir, serions-nous mieux disposés à restituer ? Je ne le pense pas. Pourquoi nos ennemis ne feraient-ils pas de même ? Si l'on nous disait de rendre l'Algérie, on ne le voudrait pas davantage. A quoi bon être vainqueur si l'on ne profite pas des avantages que donne la victoire ? Ce n'est pas un raisonnement de sage, mais c'est celui que l'amour des conquêtes donne, à tort, à tous les peuples, et qui ne laisse à aucun le droit de se plaindre de ses défaites, surtout si le vaincu a été l'agresseur.

*
* *

Continuons de raisonner, si vous le voulez bien. Faut-il des frontières ou n'en faut-il point? Dans tous les cas Dieu ne les a pas créées. C'est une affaire de convention, mais qui cependant donne lieu à des désordres parce que chaque peuple, pour une raison ou une autre, trouve toujours, à un moment donné, qu'il n'est pas assez grand; qu'il n'a pas assez de territoire, d'espace; pas assez d'air; qu'il lui faut telle limite plutôt que telle autre, parce que celle qu'il convoite, à son profit, est, à son dire, une frontière *naturelle;* et, pour ces raisons, toutes spécieuses, chacun, de son côté, veut reculer et avancer tout à la fois; c'est-à-dire s'étendre et s'agrandir en reculant cette frontière au préjudice de son voisin. Quand les peuples ne procèdent pas ainsi, ce sont les hommes qui les gouvernent qui les y poussent. Et si leur amour-propre est satisfait, ils approuvent ces énormités.

Je ne dirai pas qu'il ne faut pas de frontières; mais je me demande si, en existant pas, il y aurait moins de rivalités? Un rien divise les hommes; il serait peut-être prudent de diminuer les causes qui peuvent le faire. On examinera cela plus tard, si toutefois la sagesse qu'on devrait avoir, veut bien un jour convier les peuples à un tel entretien.

Ce que je voudrais avant tout, que cela ait été dit ou non, c'est que les peuples comprissent que la guerre ne doit pas exister, ne doit pas se faire entre deux êtres qui pensent, qui raisonnent; que leurs différents, s'ils en ont, doivent se débattre, se régler par le raisonnement et non par les armes ; que tous les peuples sont égaux devant l'humanité, que le mérite propre, qu'ils ont tous, doit-être mis au profit de tous et concourir au bonheur de tous.

Ils se disent tous humains : qu'ils le prouvent en songeant à vivre en paix, heureux, et non songer à se tuer. Faut-il nous occuper, ici, des personnes qui disent que s'il n'y avait *pas de guerre il y aurait trop de monde?* Ces esprits simples ne réfléchissent sans doute pas que si les populations sont chaque jour augmentées par les naissances, la mort, également, les diminue chaque jour. Les uns s'en vont et les autres viennent ; donc, pas de confusion à redouter.

Pour ce qui regarde les conquêtes, il faut tâcher de n'y plus songer : l'honneur le veut. La conquête, qui n'est que l'usurpation organisée, ne doit être permise à aucune puissance, quelle que soit sa forme de gouvernement. La force d'un peuple est dans le respect qu'il a pour les autres peuples. Donner l'exemple de l'honnêteté, c'est l'imposer : devant elle on s'incline toujours, quoi qu'on puisse dire.

Les délimitations de territoires, de frontières, après avoir en quelque sorte consulté l'esprit des habitants, devraient être convenues et tracées d'un commun accord entre toutes les puissances ; et les traités une fois arrêtés et signés, nul n'aurait le droit de les enfreindre. La sympathie d'un peuple pour un autre, ni ne s'impose ni ne se décrète. Il faut par de bons procédés les attirer à soi, mais non les forcer à venir.

Si, par la suite, des modifications de territoire devaient être faites, et qu'elles fussent même réclamées et consenties par une majorité des habitants, il faudrait encore que les autres puissances, réunies en tribunal, espèce d'aréopage, siégeassent et assistassent aux débats de modification des deux puissances, afin que nulle d'elle ne soit victime de l'autre. Écarter par tous les moyens possibles, les actions injustes qui pourraient se produire par la force; et les gouvernants, érigés comme arbitres, se porter garants des préjudices que l'une des deux puissances contractantes pourrait faire à l'autre, et être obligée de les réparer par le fait de l'intervention des autres nations, témoins des traités passés. Faire en sorte de tuer la guerre, mais aussi l'esprit, l'amour des conquêtes, qui n'est, en définitive, que l'improbité d'un peuple fort pratiquée au préjudice d'un peuple faible.

C'est vers un but si sage que l'esprit doit se diriger et qu'il doit chercher à atteindre. Pour ce qui regarde la France, elle doit se tenir sur la défensive. Et si Bismark, cet homme chez lequel les sentiments d'humanité semblent inconnus; qui pour satisfaire ses convoitises ambitieuses boirait le sang d'un peuple, voulait nous entraîner dans une nouvelle guerre, un désastre pour tous, à nous le soin de savoir résister à ses attaques, à ses provocations. Et si la guerre se fait, si nous sommes obligés de l'accepter, de la faire, que le bon droit, vainqueurs ou vaincus, soit toujours de notre côté. Avoir le droit pour soi est une gloire.

*
* *

Il y a deux hommes, dans notre histoire, qui méritent, à plus d'un titre, l'admiration : ce sont Henri IV et Sully, deux grands cœurs et deux fortes intelligences. Henri IV voulait que des congrès européens prévinssent les guerres en s'interposant, comme médiateurs, dans les contestations internationales, afin d'éviter toute effusion de sang. Pour ne pas avoir à panser des blessures, il voulait qu'on les prévînt. C'est bien là une pensée vraiment philosophique. Quant on parle dans le même sens ; qu'on cherche, aujourd'hui, à faire revivre des idées aussi humanitaires, cela fait sourire certains esprits forts — *forts* de la langue — qui veulent la lutte quand il n'y a pas à faire ou qu'ils pensent être dispensés d'y prendre part, et qui traitent ces sages mesures d'utopie, qui n'en serait pas une si l'on était civilisé autant qu'on prétend l'être.

Quand on songe bien à la guerre, à tout ce qu'elle a d'horrible, d'épouvantable, de cruel, de sauvage, il semble que les hommes qu'on lance ainsi les uns contre les autres doivent avoir un moment d'hésitation avant que d'arriver à se tuer mutuellement! On frissonne d'y songer. A quel degré d'égarement faut-il porter l'esprit des individus pour les amener à s'entr'égorger? Et combien sont coupables ceux qui les y entraînent! Conquérants et tous ceux qui par ambition suscitent la guerre, au nom de l'humanité soyez maudits!

Toujours la guerre! Rien ne peut donc se faire sans elle? Pourquoi les différents de deux peuples ne seraient-ils pas discutés et réglés par des arbitres nommés à cet effet? Cela n'a rien d'impossible. Pour en arriver là, il faut vouloir; pour en arriver là, il faut être humain.

Si on ne veut pas le comprendre; si on veut la guerre *quand même* et pour une autre raison que le droit seul, que les imprudents, quels qu'ils soient, qui l'auront suscitée, provoquée, ne viennent point se plaindre s'ils sont vaincus. La défaite ne sera pour eux qu'un châtiment juste et mérité.

*
* *

Revenons en arrière. On n'est jamais bien vu ni bien reçu quand on ne flatte point. C'est pour cela que je me demande, ici, ce qu'on va penser de ce qui précède.

En blâmant les excès que nous, Français, nous

avons fait à l'étranger, on va dire — et il me semble l'entendre — que je ne suis point patriote. C'est selon comme on l'entend. Ceux qui pourront le dire ou le penser, se tromperont. On est toujours patriote quand on ne fait rien qui puisse déshonorer son pays. Et blâmer les actes de vandalisme qui peuvent se faire et qui se sont faits, c'est encore faire acte de patriotisme ; ce n'est qu'en flétrissant le mal chez tous, chez les étrangers et chez les siens, qu'on peut en arrêter le retour. En procédant ainsi, on travaille à la gloire d'un peuple pour le présent et l'avenir. Il suffit de quelques égarés pour commettre de mauvaises actions, pour faire dire que tout un peuple est capable de les faire. Et, à tort ou à raison, mais toujours à tort, on dit : *Ils sont tous comme ça !*

Si nous, Français, nous avons raison de critiquer les désordres commis chez nous par les étrangers, nous avons tort, à notre tour, de blâmer si fort, chez les autres, ce que nous faisons nous-mêmes. Si la raison nous éclaire assez pour condamner les actes de nos voisins, elle doit, également, nous éclairer pour condamner ceux que nous faisons, quand ils sont les mêmes.

Les peuples, il faut le dire, ne se feraient peut-être point la guerre si des êtres inhumains, comme les Bismarck et autres du même genre, ne les poussaient à cela. Ces derniers, sans contredit, sont donc les premiers coupables de tout le mal qui se fait pendant la guerre, en ce sens qu'ils troublent la raison des hommes. Mais pour les excès qu'une armée peut faire, et quelle que soit sa nationalité, on doit les blâmer toutes au même titre, ce qu'on peut faire sans manquer de patriotisme. Le mot patriotisme, à mon avis, se dit trop souvent. Si le patriotisme consiste à aller faire la guerre chez un peuple et prendre par la force ce qu'on trouve à sa convenance ; si, pour être patriote, il faut hurler avec les loups et trouver bien le mal qu'on fait soi-même ; si, enfin, pour être bon *patriote*, il faut absolument approuver les actes répréhensibles commis par les armées françaises, à diverses époques de notre histoire, eh bien ! je le dis franchement, je ne le serai jamais dans ces conditions, qui n'ont rien d'honorable. Que la dévastation, faite chez un peuple, soit l'œuvre de tel ou tel autre peuple, les faits, par eux-mêmes, ne changent point de nature pour cela ; ce qui est méprisable pour l'un, l'est également pour tous. Et si nous sommes fiers d'être Français, il faut au moins une raison sérieuse pour justifier cette fierté ; autrement elle pourrait nous être reprochée comme une faute et une sottise de plus. Si nous affirmons bien haut l'imperfection de nos voisins d'Outre-Rhin ou d'ailleurs, il faut bien un peu reconnaître la nôtre qui est visible comme celle de tous les autres mortels.

Ici je ne parle que d'après ce que je vois et que tous peuvent voir.

Les Français qui se plaignent des mauvais procédés des étrangers — et ils n'ont pas tort — n'en ont pas toujours entre eux de bien louables. Il y

en a beaucoup, beaucoup trop, qui jouent au plus
fin, au plus roué, non pour vous obliger, mais pour
vous nuire. Chez ces derniers, tout n'est qu'arti-
fice, charlatanisme et hypocrisie. Mais ils sont
patriotes. Il y en a qui songent si bien à leur intérêt, qu'ils ne payent point où ils doivent, qu'ils
plaident même pour cela, et ils trouvent, ce qui
est *patriotique*, des avocats, des avoués pour
prêter leur concours à de telles manœuvres ;
d'autres ne trouvent rien de mieux que falsifier
les marchandises qu'ils vous vendent comme étant
bonnes, ce que vous croyez, ne songeant pas
toujours à la mauvaise foi des personnes.

Tous les jours, en ouvrant les journaux, vous
voyez le récit des poursuites exercées contre des
Français falsificateurs de vins et autres produits
alimentaires. Après ça, on vient vous parler, d'un
air indigné, du *poison allemand !* Ce poison
allemand, c'est la bière falsifiée vendue par des
voleurs allemands. Les étrangers trompent les
Français, les Français trompent les étrangers.
Les uns et les autres se valent. Chez nous, nous
avons aussi nos poisons français qui sont les
aliments et nos vins falsifiés, dénaturés par des
Français et vendus par des *patriotes français* à
d'autres Français, *des frères !* Les hommes qui se
conduisent de la sorte sont les vrais anti-patriotes.
Les marchandises qu'ils livrent ainsi dénaturées
et qui vont à l'étranger, déshonorent notre pays,
notre commerce, et donnent à penser, ou peuvent
donner à penser, que la France est un pays de

gens véreux et tarés. Aussi les condamnations qui les frappent, quand elles peuvent les atteindre, sont toujours méritées ; quelquefois elles ne sont même pas assez sévères.

Pour atténuer ce que nous faisons de mal, beaucoup de patriotes disent : Mais les autres le font bien ? Soit. Mais est-ce une raison pour être fier... quand même ? Si les autres font mal et nous aussi, où se trouve notre supériorité morale ? Tous les peuples sont de même et tous ont la prétention d'être les premiers de la terre, de se croire les plus intelligents, les plus civilisés. *Il n'y en a point comme nous !* disent-ils chacun de leur côté. *C'est nous qui faisons ceci et cela. C'est nous qui faisons tout mouvoir !* A les entendre, aucun d'eux, dans leur manière de faire, ne donne prise à la critique ; elle doit toujours être pour le voisin. La modestie est rare chez tous. On croit toujours avoir fait des grandes choses, jamais des petites. Je ne voudrais pas que les peuples, quels qu'ils soient, fissent toujours leur éloge et se louassent eux-mêmes, mais que, par les grandes actions qu'ils font ou qu'ils auraient faites, on fut forcé de les louer, ce qui serait préférable et infiniment plus sérieux.

En France, tout en tenant compte du bien qui s'est fait, qu'on a fait, on ne juge pas de la même façon les fautes commises ; on veut toujours des louanges, méritées ou non, tellement on est plein de soi-même. Parce que vous êtes de telle nation, il faut admirer tout ce que font vos compatriotes et tout ce qu'ils peuvent faire. Si vous êtes rétif à ce sentiment, cela ne va pas bien pour vous; de suite, comme je le dis plus loin, on vous classe dans les antipatriotes.

Aujourd'hui, tout devient question de parti, ce qui fait déraisonner parfois. Pasteur lui-même, cet écorcheur de chiens, ce tortionnaire des bêtes, excepté de la sienne, est devenu, lui aussi, non pas une tête de Turc, mais une question de parti. Si vous ne l'admirez pas sans réserve, comme l'Académie française, par exemple, et tous les petits et grands corps savants, vous êtes considéré comme non *patriote et faire les affaires de l'Allemagne!!* (1) Comme on voit, ce n'est pas sérieux. Mais en toutes choses, en science comme en politique, et sans raisonner, il faut suivre l'aveuglement, l'engouement général, tous faire de même.

En fait d'invasion, on n'en veut pas chez soi; mais cette invasion qu'on ne veut pas pour soi, on n'est pas fâché de l'imposer aux autres, si on est assez fort pour le faire, ne réfléchissant pas assez, quelques fois, ce qu'une telle témérité peut coûter de victimes à la nation. L'invasion faite par soi, c'est bien; elle prend des couleurs tendres; faite par d'autres, c'est mal. L'ambition l'emporte sur la sagesse. Si tous les peuples pensent de même, je les blâme tous. Et contre des entreprises aussi funestes au bonheur humain, il ne faut pas faire des observations? Eh bien, si. Pour ce qui nous

____

(1) C'est ce que M. Aufavray, conseiller municipal de Lyon, a dit un jour à M. Louis Combet, médecin, également conseiller municipal.

regarde, donnons l'exemple de la sagesse ; défendons notre sol contre tous les envahisseurs, quels qu'ils soient ; défendons nos libertés, nos droits ; soyons Français pour être honnête, magnanime, mais ne violons jamais ni le sol, ni le droit des autres ; c'est perdre pour soi celui de se plaindre. On ne cesse pas d'être patriote parce qu'on ne loue pas un peuple dans tout ce qu'il fait ; qu'on ne le pousse pas inconsciemment à faire des sottises, comme faire la guerre à un autre peuple sans motif bien sérieux. On est patriote quand on croit lui montrer un danger, quand on lui montre également ment quelques fautes pour qu'il ne les renouvelle pas à son préjudice et qu'on ne lui en fait pas commettre par de folles déclamations. En pareil cas, c'est agir en amis. Un bon père de famille qui prend souci de l'honneur de ses enfants, n'est pas celui qui les loue toujours, pour le mal comme pour le bien. Un bon père est celui qui les loue quand il font bien, et les blâme et les punit quand ils font mal. La raison veut qu'il en soit ainsi. Envers les peuples, il faut procéder de même, pour leur rendre service. Les louer toujours, c'est les perdre ; les blâmer à propos, c'est les sauver.

Dans ce qui précède, il y a un vœu : c'est celui de voir la France grande et les Français sublimes par la pratique de la justice, le seul principe qui fait les grandes nations et l'honneur des peuples.

Cela dit, France, je te salue.

L^s-Joanny COMBET.

17 juin 1886.